창조문학대표시인선 256

꿈꾸라 중년에도 초록별을 품은 소녀처럼

유아린 제 2시집

창조문학

□ 시인의 말

사랑과 평안을 너에게

온 산하가 눈물겹도록 그 싱그럼이 치열해 갈 즈음 꿈결처럼 아련히 엄마가 잠드신 먹뱅이 산에 올랐다.

아물아물 속눈썹 간지럽히는 유년의 햇살 속에 진달래꽃, 살구꽃 지천으로 옛정이 다녀간 정겨운 산천은 예전과 변함이 없건만, 아슴푸레 아지랑이 가멸대는 먹뱅이 산 너머

그리운 얼굴은 어디로 갔을까.

여기 언제나 머물러줄 얼굴인 줄 알았는데

그리움이 길을 만들어

옛날이 불어오는 방향으로 헝클어진 그리움 나부끼며

나 여기 망연자실 서있는데…

죽음과 상실, 나이 듦으로 마음 갈피를 잡지 못할 때 괴로워하기보다 "지금 이 순간 행복하라"는 티벳의 정신적 지도자 「달라이라마」의 지혜를 빌려보면 어느날 불어 닥친 불행 또한 어느 의미에선 삶이 주는 또 다른 기회며 축복임을 일깨워 준다.

하나를 잃음으로 '이웃의 사랑'이라는 또 하나를 얻게 되는 숨겨진 축복임을… 하여 우리는 새삼 하나의 명료한 답에 이르게 된다. 형언 못할 참적의 상실감을 보듬고 용기를 심어주는 유일한 방법은 동시대인인 우리가 함께 손을 맞잡아 주는 사랑과 부

축과 배려만이 유일한 답이란 사실을. 그 어떠한 공감과 치유에도 합리적 이성보다는 근원적인 감성이 더 필요하기 때문이다.

하면 그 답을 줄 사람은 우리 이웃, 누구보다 순수예술을 한다는 문학인, 그 중에도 휴머니스트라 자처하는 시인의 몫이 아닐까.

시인이란 은유적 늘림문자로 감응하는 몽상가라지만 무릇 문학이란 것이 단순한 자아도취가 아닌 인고의 산물이며 인간의 보다 근원적 정서를 대변하는 예술일진대, 고양된 시인 특유의 감성과 시어를 통해 다른 이들을 대신해 울어주고 따습게 안배함으로써 상처받은 영혼들의 작은 치료사가 되어 줘야지 않을까 싶었다.

지난겨울 유일하게 의지하던 모친마저 여의고 난 후, 타인의 불행조차 마치 내 불행 내 눈물인양 숨은 병처럼 전염되어 오는 건 왜일까. 더욱이 천안함, 세월호 참사로 소중한 가족을 잃은 유가족들의 참담한 고통이 통절하게 공명되어 옴을 어쩌지 못했다.

그리하여 미약하나마 도움이 된다면 감히 그네들의 애통함을 대신해 울어주고 싶었다. 자식의 죽음 앞에 절규하는 이스라엘 전사의 통곡이요 애탄이 된 <입다의 애가>처럼, 9. 11테러 10주년 추모식에서 노년의 폴사이먼이 노래한 <침묵의 소리>처럼 모든 사람들의 공감과, 의지와, 기원을 하나로 묶어 표출하고 싶었다.

우리 모두가 공유하고 통합하는 울림통으로…

혹여 그에 미치진 못한다한들 나름 그들의 애절한 정서에 주파수를 맞추고 승화된 나만의 시어 나 자신을 통해 그들의 울음이 <팽목항의 비가>가 그대로 생생하게 세상에 나갈 수 있도록 해주고 싶었다. 그것이야말로 나의 언어가 아닌 나 자신, 내 온몸을 통해 만인들의 생 울음이 태어나는 거니까.

심으면 금시라도 싹이 돋을 듯한 생 울음 그대로, 그네들의 소망대로 영원불멸 잊혀 지지 않도록…

소통과 상생으로 가는 인간과 인간 사이의 회귀 감정,

"세상의 모든 악을 일소하는 최종요소로서 교감하는 인간의 사랑은 또 다른 형태의 인륜성을 제시한다."

우리 생이 덧없이 허물어지고 죽어가는 것들을 위한 따뜻하고 희망을 주는 예술은 도덕적 휴머니즘을 넘어 미적 오브제로서의 도약이 아닌가. 모든 예술이 궁극적으로 껴안고 가야할 무한수렴의 숙명 같은 것. 굳이 동시대를 사는 인류애를 들추지 않더라도 참으로 더불어 상생해야할 이 시대 이 사회의 아름답게 승화된 모든 아픔이, 슬픔이 곧 예술에 다름 아닌가.

시인이라 이름 하기 조차 미미한 무명으로써 목소리를 높인 것 같아 지금 난 조금은 숨고 싶은 부끄러운 심정이다.

헌데 이렇듯 미흡한 작품을 통해 마음의 응원을 보내는 헌정시를 완성하고 보니 왠지 모를 정밀한 화평이, 이상스럽게 위안과 힘을 얻는 것은 오히려 내 쪽이란 생각은 또 왜인지…

눈이 부시게 푸르른 오월 아침
눈빛이 젖어오는 그네들의 손을 맞잡으며 노래 부르고 싶다
"평안을 네게 주노라
세상이 알 수도 없는 평안을 너에게 주노라
하란에게 가나안으로 살필 수 있는
평안 평안, 사랑과 평안을 너에게 주노라"

- 017. 5

- 천안함 침몰, 세월호 참사 등 참적의 상실을 안은 세상 약자들에게 그리고 천상으로 소천하신 나의 어머니께 이 부끄러움을 바치며

- 매화마을에서
유 아린

꿈꾸라 중년에도 초록별을 품은 소녀처럼

유아린 제 2시집

차례

꿈꾸라 중년에도 초록별을 품은 소녀처럼
유아린 제 2시집

제 5부 새 선상의 아리아를 연주하는 여자

제 1부

초록별을 따는 여자

좁은 길 1

머나먼 꿈길 따라가는
끝 모를 그대 순정의 이정표
극치의 내 순수에 이르는 길

이 지상에서
그대 눈빛보다 멀고
그대 뒷모습보다 외롭고
내쳐 참혹한 아름다움에 이르는 길

그대가 가는 곳이면 어디든 가고 싶었다
햇님 뒤에 비껴간 낮달처럼
그대가 가는 곳마다
무한정 내가 갈 수 없는 곳을
극치의 순수를 시늉하는 몸짓으로
그대 진심의 벼랑
가이 없는 내 순정의 종착역을 향해…

반달

너 좋아하는 마음
하마 들켜 버릴까
가까이 다가서지 못하고 머뭇거리지

너 보고 싶은 마음일랑
은빛 옷자락 깊숙이 숨겨두고
나 홀로 떠돌다가
하릴없이 오랜 날을 머뭇대다가
좋아하는 마음 절반만큼만
꼭 그만큼만 다가가야지

풀잎 뒤에 숨은
풀벌레의 두려움으로 조각구름에 등을
기대고 싶은 저녁

한여름 내역서

농염한 장미 줄기 따라
처절해가는 녹음이 하마득히 빈 뜰
흐르는 여름은 푸름의 정수리를 펼쳐 보이며
풀 바람에 흘려오는 이파리
두어 잎

흐르는 것들은 현란한 결맥만 남아
어떻게도 난
내 정면을 바라볼 수 없어
시린 손가락 하나에도 부끄러이 떠오르는
나는 어디로 가고

잔뿌리 없는 한나절의 서러운 정적을
맨발의 혼이 하늘 쪽으로 일어선
해바라기 생명의
부신 끝

난초의 영토

저난초는어데에서왔느뇨
저난초는일곱님프들이선회한오련한동화의나라에
살것임에
저난초는배고파시드는꽃보았느뇨비바람에쫓기는
새보았느뇨
저난초는언제나연보라로피어로를흰실뿌리곁에
고운꿈하나뉘이며
저난초는아름다운선녀들이끄는향수레를타고예비
된영토위에너울너울앉느뇨
저난초는아무도보지도닿지도못할슬픈평온위에
잔혹하도록평온한슬픔위에…

아린별의 해명

내 해린별을 떠나 아린별에 온 것은
초가을 저녁
풀 섶에 숨어 바장이는 풀벌레 울음이
에일 듯 그리도 애달픈 탓인 게야

내 해린별을 떠나 아린별에 온 것은
눈초리가 싸늘한 가을나라에서
나붓나붓 바람손에 끌려나온 빨간 단풍잎
하나가 〈찬바람 미워〉
하는 외마디에 화들짝 놀란 탓인 게야

내 해린별을 떠나 아린별에 온 것은
강 건너 갈대밭 사이로
모른 척 저공비행으로 스쳐가는 실잠자리 땜에
괜스레 약 오른 탓인 게야

고고한 자기만의 선궁 촌을 기르던
선계의 해린별을 떠나
너와 나의 마음이 더불어 아슴이는
이 하계의 에덴에 내려온 것은

초록별을 따는 여자

1
거북아 거북아
헌 별 줄게 새 별 다오
내 초록별을

거북아 거북아
헌 별 줄게 새 별 다오
내 초록별 꿈을
땅속에란 하늘에란 도란도란 숨어사는
동주님의 초록별 꿈을

2
한 번도 안겨본 적이 없는 우리 동주님의
가슴에 새하양을 쓸어내리며
정갈한 두 손을 받쳐 들고저
내 마음 별 지는 질곡의 언저리마다
내 님이 날 사랑하듯
내가 날 사랑하고 저

하얀 별을 줄께
　껍질 안에 숨은 별을

하얀 별을 줄게
　못내 스러져 갈 별을
하얀 별을 줄게
　손끝마다 충혈 된 슬픈 자기애를

초록별을 다오
　경계를 늦추기 위해
초록별을 다오
　넘어볼 것을 넘어보기 위해
초록별을 다오
　저 백야의 광활한 폐성을 위하여

동주님- 내 초록별 같이 원형적 이상을 공유하는 미래
지향적 생명의 시인 『하늘과 바람과 별과 나』의
시인 윤동주 님을 일컫는 존칭어

별이 되고 싶다

외로움보다
더 깊은 슬픔이 무엇인가
그리움보다
더 간절한 눈물이 무엇인가
별보다
더 빛나는 아름다움이 무엇인가

그대 부르지 않아도
나,
그대에게로 가서 별이 되고싶다
눈부신 어둠을 배경으로 서 있는
네 안에 정면으로 걸어 들어가
그대
죽을 때에야 비로소 눈 감는
별이 되고 싶다

혼자 있어도 혼자가 아닌 것처럼

이따금 산다는 게
외롭고 쓸쓸한 날은 친구여
아무도 부르는 이 없는
네가 네 이름을 가만히 불러주렴
그 가만한 외로움 속에
호젓이 노래하는 네가 그렇게
혼자 있어도 혼자가 아닌 것처럼

괜시리 눈물 나게 서글픈 날엔
아무도 부르는 이 없는
네가 네 이름을 다정히 불러주렴
그 이름 끝에 그렁그렁 눈물이 맺히면
그저 그렇게 맺히는 대로 언젠가
그 서글픔이 너의 어여쁜 벗이 되도록
그리하여 오로지 네 목소리로
청초한 미사리의 자태로 너의 노래를
부르기 위해 짐짓 네가 그렇게
혼자 있어도 혼자가 아닌 것처럼

때로 혼자라는 빈틈없는 쓸쓸함에
등이 시린 날엔 친구여

백조의 눈물 1

호젓한 못가에 홀로 떠도는 나에게
측은한 눈길을 보내지 마라
어차피 인생은 홀로 가기 위해
홀로 사는 목숨임을 뉘라서 모르지 않거늘
못가에 외롭게 노니는 백조를 보거든
순수의 늪에 두 발을 묻고
순백의 진주를 빚는 호숫가를
세간의 때 묻은 손가락 펴 가리키지 마라
사랑 중에도 내 흰 깃털만큼이나
눈부시게 순결한 사랑 하나 받기 위해
지금껏 청빈한 불살 한 모금 베어 문
외곬수로 살아 왔거늘

보라, 양 죽지 끝에
슬픔이 묻어나면 묻어나는 대로 어여삐
사뭇 어여삐 저 설움을 쓸어안는
우아한 목덜미의 백조를 보라

백조의 눈물 2

언제나 처음인 듯
티 없이 맑은 가슴으로 살고 싶었다
물풀에 가리운 낮달처럼
투명한 슬픔의 물살 하나 베어 물고
외로워도 우아한 몸짓으로 살고 싶었다

찰름찰름 나뭇잎에 무늬를 그리다가
어스름 먼 하늘에 수정구슬도 꿰어주며
어느덧 키를 넘은 외로움
풀비가 되어 내리면
눈물이 되어 흐르면
이따금 쏟아지는 햇무리의 열정도 난 싫어
매일을 함께 동행 하는
이 고즈넉한 호수만이 오로지 나의 벗
지순한 나의 사랑이거니
지상에서 하나 뿐인 나의 사랑을 위하여
단 한번 청아하게 울고 싶었다
나만의 호숫가에서
귀족스런 목을 길게 늘이고 나 홀로
구슬피 목 놓아 울고 싶었다
우. 우. 우 -

꿈꾸라 중년에도 초록별을 품은 소녀처럼

꿈만 먹고 사는 내가 하늘을
하 그리 사모하여 파랑물들인 가을날엔
서럽도록 해맑은 하늘빛 사랑
함빡 안은 가을꽃으로 피고 싶어라
노을빛 중년에도
간간이 얼룩진 중년을 말갛게 헹구어

뜨락에 나들이 나온 춘란이
어제의 단꿈을 푸는 그런 봄날은
어머, 돋을볕 머금은
소녀 하나 낭창낭창 뛰어나와
우아한 노을빛 중년에도
볼이 고운 해너미처럼 아리땁게
첫 마음을 여는 가시내처럼
수줍게 수줍게 사랑하며 살고파라
속마음 깊이 감춰둔
꽃물 든 감성 한 웅큼 꺼내어

현기가 칭얼대는 울증과 눈이 맞아
호수에 빠진 별을 만나고 온 날엔
반백년 세월 강을 거슬러온 중년에도

초록별을 품은 소녀처럼 청아하게
반짝이는 샛능안을 꿈꾸며 살고파
새물내 나는 꿈을 캐며 살고파라
일곱 빛깔 색깔이 하는
무지개 한 자락 베어 목에 두르고

아름다운 죄라도 피우고 싶은
어쩜 슬프고도
달강달강 지느러미가 감미로운 이름표
노을빛 중년의 계절에도

돋을볕: 해 돋을 녘에 내리쬐는 햇빛
샛능안: 새롭게 얻는 자아실현의 신세계
새물내: 빨래하여 갓 입은 옷의 냄새
달강달강: 노래의 후렴을 나타내는 의성어
; 생의 후반전을 향해 달리는 소리

초록 소녀

초록빛 아침
초록 잎에 숨어 핀 눈물 꽃도
아리따운 별 아기의 꿈 되어
영롱한 슬픔으로 반짝이네요

요람 속 천진한 바람이
프리지아의 향 내음을 한 웅큼 훔쳐 달아나다
소녀 볼을 스쳤어요
그 향 내음 도란히 손을 끄는 한낮에
까르르 쏟아버린 꿈 가루
천상을 흐르는 선율이었죠

초록 소녀는
아롱아롱 볼이 고운 은가루 날리며
수무지개를 타는 선녀였어요

별대한녀의 태극기 휘날리며

시름 앓는 명성황후의 소릿단을
따다 질러버린 말과 말의 들길에서
그녀가 천둥처럼 무너져 누웠을 때
대한벌에 갔지

미쳐 올곧은
말이 되지 못한 광대뼈의 만신이
뿌리 없는 물풀들에 졸속탄핵의 함성이
서리서리 탯줄에 감기는 안개 벽인데
서러움은 차라리 부질없어서
태극말말 영그는 대한벌의 상답들은
하 그리 상냥한 오월인거야
우리도 방천머리 파랗게 잦은 충정의
손짓을 목매이게 웃자고 하지

언제나 반쯤 가리운
옆모습의 올림머리로 구름 뒤에 서있을 때
번개탄핵 창살에 갇힌 별 여인아
벼락같은 비명으로 응답하렴아
몸서리처럼 충정 가는 대한벌의 들 물결 따라
목 언저리 환하게 놓여나고 싶다고

민주 탈 가면을 쓴 광란 극으로
아우성치는 말 가시들을 살별지게 파방 치며
싸리가지 걸음으로
강아지풀 걸음으로
그 사시랑이 발목대로 진군하는 사람은
얼마만큼 슬프냐고
홀연 듯 손을 푸르고 손바닥을 벌려
그 슬픔만의 애국 피는 풀씨가 되어
훠이 광화국으로
훠이 청계반도로
눈 멀도록 눈 멀도록 떠돌게 해야지
느릅나무가지 쯤 서성이는 울음도 다 풀어주고
탯줄에 감긴 올가미마저 살풀이 할
태극을 가는 대한벌이 발 따라 흐르는데…

아, 그대는 말 폭풍에 꽁꽁
묶여 떠나가도 애국꽃망울로 터트려지는
속병 같은 님, 대한의 별 여인아
오늘 못다 한 그대 계면조의
애국 피는 풀 가락 하나로 느껴 우는 여한이
먼 날의 청성곡이라 설움 짓는 이에겐

하마도 무궁화웃음으로 피어날지니
가만 기울여 보아
삼단 같은 소릿단을 툭 끊겨 출렁이기 전에
청천하늘을 굴러 얼레얼레
먼 인고의 은하터널 속을 돌아온 봉황별은
동해물과 백두산이 마르고 닳도록
올곧은 대한으로 길이길이 보전할 것을

한 생애 형형한 생채기로 빛낼
별대한녀는 봄 싹 티울 삼월의 아우성으로
우리가 다시 애국심 지긋한 태극기
하나로 휘날리기 위하여

017. 3. 31
- 국치적 애국과 순교의 공명을 앓는
이 땅의 현자(賢者) 애국민들에 부쳐-

* 번개탄핵- 촛불은 대의민심이 아닌 '맙 저스티스'
(법치를 벗어난 인민재판, 비상계엄하의 군인 재판)과 같다는 말

제 2부
그대가 어찌하여 이 세상에 있습니까

그대를 만난 후

태양같이 뜨겁지 않고는
뜨거운 여름을 이겨낼 수 없음을
단풍처럼 간절히 물들지 않고는
간절한 가을을 참아낼 수 없음을
눈처럼 하얗게 비워내지 않고는
하얀 겨울을 살아낼 수 없음을

이 당연한 사실을
그대를 만난 후 알게 되었습니다

따사로운 봄바람이
꽃만 피어나게 하는 게 아니라
사람도 피어나게 한다는 사실을…

머무르고 싶었던 순간들

너를 처음 만나던 날 서툰 나의 몸짓에 화르르 얼굴 붉히던 순간, 오래된 고향처럼 인사동 옛 찻집에서 꿈꾸듯 물기어린 너의 눈망울을 응시한 순간, 또는 손 흔들며 헤어질 때 작은 희열에 잔물결 일듯 파르르 손끝이 떨리는 순간, 누군가 다가와 이상한 주문 걸었다

두 눈에 고이는 이슬 전설같이 부풀려서 목숨보다 환하게 눈빛보다 투명하게 너를 사랑하고 사랑하고, 또 사랑하라는 슬픈 주문하나 걸었다 머무르고 싶었던 순간들마다 마음에 인감을 새기듯, 이내 향기로운 숨결이 머무는 데마다 소롯소롯 피어오르는 산수유인 듯

살보라는 눈꽃처럼 날리고

복사꽃 하냥없이 눈물짓는 사월 꽃그늘 아래 아득한 눈길로 섰습니다 잎보다 먼저 핀 꽃보라의 미적 저항은 시작되고 황사바람 단 한 번의 눈짓에 깡마른 세월 마디마디마다 정처없는 꽃불 번지면 내 마음 갈피마다 숨은 그대 역심은 풀풀 황홀한 비애의 옷자락으로 일어섭니다 내 안의 그대같이 떨리는 꽃그늘 봄풀싹처럼 아려오고 내 밖의 그대같이 나는 닫혀버리는 그대 몸짓 납득하지 못하고 계절의 질서를 향해 달려가는 슬픈 언어를 만납니다 눈앞을 아른대는 여린 날의 꿈타래들… 다시 그대 가슴에 연분홍 꽃이파리로 잠들기 위하여 꽃비 내리는 세월에 하르르, 첩첩한 살보라는 눈꽃처럼 날리고…

실반지 1

더 이상
긴 말은 필요하지 않아
천년이 지나도 바래지 않을
언약의 포승줄로 너를 묶으리
밤낮을 신음하며
앓아온 내 노을 같은 세월에
못 다 부른
그리움의 이름으로 새겨진 문신
이승의 끝에서 일어오는 파도인들
하마 지울 수 있다 하리

실반지 2

끝도 없이 밀리는 동천 하늘에
마음도 초순한 마음은
아스라한 초승달로나 돌고 돌아
구천을 헤메이는 너의 마음 길
더 가늘고 가냘피 감아버린 죄여
언제까지나
네가 나의 사람임을
어김없는 나의 반려임을 선언하는
눈 먼 사랑의 감옥에
나,
무기징역으로 너를 가두리

그대의 꽃으로 살아갈 수 있다면

말갛게 씻긴 목소리로 내가 부르면
언제나
흰 백합 향기로 피어오르는
그대

시리도록 아려오는 눈시울에
촉촉히 비가 내려도
내 가슴에 흰꽃이파리로 쌓인 그리움은
다 적시지 못해
오늘도 그대 향기에 취해
슬픈 전설 같은 하루가 가고

눈 멀고 귀 먹어도
죽지 않을 신들린 그리움은
서걱이는 빈 가슴
채우고 채워도 내가 늘 목마를
그대 사랑뿐…

허전한 어깨를 덮은
내 긴 머리칼은 은실같이 헝클어진
슬픔의 비늘뿐이지만

그대를 위해 부서진 눈물로
내 가슴은 햇빛 창창한 날에도
비를 부르게 하고

시장스런 슬픔의 비늘조차
그대를 위해 음지 없는 향기를 만드는
그대의 꽃으로 살아갈 수 있다면
그대의 흰 가슴에
차마 얼굴을 묻고 울어도 좋을
그대의 꽃으로 살아갈 수 있다면

눈꽃 편지 1

그대 아는가
내가 향설처럼 순결하게 살아가려는 것도
그대 때문임을
내가 세속의 불의와 타협하지 않고
수녀처럼 정결하고 정의롭게 살아가려는 것도
다 그대 때문임을
내가 지금 비록 외롭고 힘겹다 해도
누운 풀잎조차 깃발처럼 일으켜 세울
여 전사같이 당당하게 이겨내는 것도 모두
다 그대 때문임을

그대 진정 아는가
잃어버린 내 마음의 조국님이여
나는 그대와의 오붓한 만남을 꿈꾸며
정갈한 마음으로 준비하고 있음을
꽃잎들이 이슬에 얼굴을 씻는 뽀얀 새벽이거나
분홍노을이 감미롭게 기지개를 켜는 해거름
그대가 나의 문을 두드릴 때도
바람에 가볍게 열리는 나무잎새처럼
오랜 망설임 없이
그대를 맞아들일 준비가 되었음을

눈꽃 편지 2

그리운 그대여
하늘이 하 그리 맑아 왜 그런지
알 수 없는 슬픔이 피어나는 가을날
또는 천상으로 오르는 구원같이
눈송이의 아름다움이 신비롭게 살아있는 밤
그대 돌연 내 앞에 다가와
살풋 손을 잡는다면
은성한 축제를 맞이한 듯
고운 무지개 한 가닥 목에 건 듯
나 행복하겠네

순결했던 그만큼
더없이 아프고 외로웠던 하얀 내 마음의
여백을 채워준다면
아, 남김없이 채워준다면
천국을 발견한 듯 나 행복하겠네
온 가슴을 다하여 눈물나겠네

은피리 핸드폰

사랑이 있다면 애인아
한웅큼 바람으로 나에게 다가오렴
향그러운 너의 바람 손으로
아홉 개의 눈물방울을 꼭꼭 눌러 거둬가 주렴
그 나머지 젖어 있어 가슴 저린 슬픔에게도
별빛 같은 노래를 달아주렴

사랑이 있다면 애인아
매일 한 편의 시로 나에게 다가 오렴
잠자는 내 감성을 깨우고
등 시린 아픔조차 잘 달래어 네게 이르는
아름답게 순화된 한 편의 시로
나에게 다가와 주렴

우리는 서로 알 수가 있어
내가 네 발걸음의 보폭을 감지하여
지구 끝까지 동행할 수 있음을
내가 네 마음의 향방마저 가늠하여
어디서든 우리는 하나가 될 수 있음을
예비 된 운명처럼 이 모두가
서로의 손에 쥐어진 무언의 약속임을

사랑이 있다면 애인아
하나의 꽃나무로 나를 키워주렴
하늘과 땅 사이에 너와 내가
한그루 사랑의 꽃나무로 탱탱히 충전된다면
세상 끝까지 우리는 직통 연결되어
천지가 진동할 너의 이름 불러줄게
말 못할 말 못할
내 순은피리를 불어 오랫동안 감춰둔
노래하나 들려줄게

보라 모빌

청순한 봉선화 꽃물 번지는
노을을 보듯
그대 눈길 머무는 곳에
슬픈 혼 낭자한 보라나비로
저를 걸어 주시죠

순수의 덫에 걸린
신비로운 인질같이 꼼짝없이 바라보는
그대 영혼의 은못 속에
전서체로 번지는 묵점으로
저를 달아주시지요

은밀한 바람을 만날 때마다
손을 잡고 비잉빙 돌아가며
목 울림 대 낮추는
생목으로 노래하게 하시지요

혼자만의 사랑

내 사는 눈물가 하늘이 하던 못 볼 사랑 다시 살아 뜨거이 목발 짚고 일어서는 날은 한갓 이름 없는 풀꽃으로 태어나 놀빛 선연한 들장미로 쓰러져 눕기까지, 그대 이슬이 애틋한 사모의 계곡을 창백한 하현달로나 돌아서 가리 붉은 목젖 울리는 다짐 있었을레

줄기보다 더 높은 그리움을 뿌리보다 더 깊은 외로움을 나누고 나누지 못하는 사슬은 길고, 마음도 가여운 마음은 그를 따라가 더 가늘고 가냘피 감아버린 죄이었을레 냉정한 분별의 철책이 가로막는단들 반짝이는 눈물이 차려입은 성장과. 목마른 바람에 이름으로 인감을 새기던 초연의 잎새도 돌아보면 이토록 찬란한 그리움인 것을

이즈음에야 가뵈야이 떨어지는 눈비옴의 꽃비늘로 오늘 하루가 또 슬프게 지나가고, 삼백예순 닷세날 순견을 필로 접으며 미감의 언어 채 떠오르기도 전 꿈결에는 칭칭 생머리 감은 슬픔의 다리를 건너 선계를 성큼 걸어오시니 그대, 이로소 여기 눈물만 허락한 내 혼자만의 사랑 있었음일레

그대가 어찌하여 이 세상에 있습니까

그대는 어디서부터 왔습니까
천상으로 가는 길목에 서서
아스라이 내가 그대를 따라갈 때마다
불시에 슬픔이 밝아 배부른 방황 잠재우는
그대는 어디서부터 왔습니까

그대가 어떻게 내개로 왔습니까
달빛 잠기는 강가를 서성이는
풀 바람의 보랏빛 떨림으로 왔습니까
피 돋는 외침같이 환한
백야의 눈꽃 속에 소스라치듯 순결한
동백이 피어나는 까닭으로 왔습니까

그대는 어찌하여 풀잎의 순진성에
매달려 제 풀에 스러지는 이슬의 몸부림을
그토록 눈 시리게 바라보고 있는지
꽃비 내리는 사월을 가듯 가련없이 눈뜨고
그대로 하여 무늬 지는 슬픔
그 음계 높은 슬픔에도 두 뺨이 발개오르는
생명의 통일로 달려오고 있는지

이 강토 생명 줄기 기리는 한라에서
북풍한설에 아아,
삼천리 반도의 어깨뼈가 드러난 백두까지
숨 가쁜 확신을 품고 들어와
내 안에 펄럭이는 이 땅의 주인이여

몽매에도 잊지 못할
사랑하는 내 님 같은 금수강산인저
그대는 어디서부터 왔습니까
그대가 어찌하여 이 세상에 있습니까

좁은 길 2

나는 그대 길 떠날 때
이따금 쉬어갈 수 있는 의자가 되고 싶어요
물에 젖은 솜같이 발걸음이 무거울 때
정거장처럼 편안히 휴식을 취할 수 있는
휴식의자가 되고 싶어요

나는 그대 길 떠날 때
여행 가방에 묻혀가는 물통이 되고 싶어요
사막 같은 길을 가다 지치고 목마를 때
그대 체세포 마디마다
내생명수로 채워 산줄기같이 불끈 힘을
솟게 하는 물통이 되고 싶어요

나는 그대 길 떠날 때
앞장서서 길 밝히는 반딧불이 되고 싶어요
수천의 반딧불이 되어
다함없이 밝히는 순명의 횃불같이
그대 길을 잃고 헤매 일 때
홍해의 기적처럼 화안하게 대로를 열어주는
반딧불이 되고 싶어요

나는 그대 먼 길 떠날 때
영혼을 지켜주는 수호천사가 되고 싶어요
세상의 검은 유혹을 물리치고
동화 속 주인공처럼 착하고 예쁘게 살아가도록
그대 가슴에 영원한 순정을 심어주는
하얀 수호천사가 되고 싶어요

나는 그대 변함없이
내 순정의 순애보라 믿는 날까지…

제 3부

팽목항 사랑의 줄을 타고 오렴

비존재

편서풍이 불었다

안개비가 내렸다

퍼득이던 날개마저 끝내 접혀졌다

한갓 세상은 멀고
내 깃털은 이리도 아득하고…

팽목항 사랑의 동아줄을 타고 오렴

- 팽목항의 비가 3

아프도록 아름다운 인질같이
마법의 성에 유폐된 못다 핀 내 꽃님들아
팽목항 사랑의 동아줄을 타고오렴
횃불 같은 기다림이 노랗게 펄럭이는 저
팽목항 사랑의 동아줄을 타고 돌아오렴

아리도록 눈을 들어 산하를 돌아보면
끝에서 끝 쪽으로 햇살이 걸려있고
새순이 움트던 초목들은 아기 손 흔들며
목목이 푸르름은 치열해 가는데
다시 돌아온 정겨운 푸른 산실에 단짝인
너는 없다…

수업이 끝난 시간 까르르
웃음소리 구슬처럼 굴러다니던 교실에도
재잘 재잘대며 우르르 몰려나가던 운동장에도
어디에도 너는 없다
처연하도록 눈 시린 햇살들이 아물대는
운동장엔 호곡 같은 서러운 정적만이
한기 머금은 초겨울 잎새처럼 오스스
나를 떨게 할 뿐

왠지 소외된 살아남은 자의
슬픔일랑 안주머지 깊숙이 접어 넣고
실로 나 너와 함께라면
모든 이에게 참혹하도록 아름다운 비애를
품어 주어도 좋을
이 박명의 계절에 사계절의 순서 없이
떨어지는 꽃이라도 좋았다

다시 돌아올 수 없는 회전의 길이 였다한들
꿈을 함께 펼치던 나 너와 함께라면
슬픈 파도가 되어 흐느껴 울어도 좋았다
울다 울다 그렇게
조각조각 부서져 사라져도 좋았다

쪽빛 꿈꾸는 파도며 말해다오
고고한 물새의 나래 짓으로
흐느끼는 파도여 대답해다오

노란 소망을 담은 종이배를 띄워 놓고
이 비련의 팽목항 포구에 기대앉아
내가 얼마나 울어야 바다가 될 수 있는지를

내가 얼마나 부서져야 파도가 될 수 있는지를
마지막 한 번 더 왕자님을 보고져
오롯이 한 점 물방울로 스러져간 인어공주처럼
갯벌 허무는 썰물로 얼마를 내가 더 무너져야
너에게 가 닿을 것인가를

팽목항 사랑의 동아줄을 타고오렴
서로의 기다림이 노오란 사랑띠로 엮이어
횃불처럼 함께 불타고 있는 저기
팽목항 사랑의 동아줄을 타고 돌아오려므나

전래동화 속의 슬픈 공주처럼
세월호 마법의 성에 유폐된 꽃님들아
문신 같은 흔적만을 남긴 채
무정무정 떠나간 못다 핀 내 꽃님들아
꿈에라도 잊지못할 이승의 인연을 두고
세상에서 젤 슬픈 사월의 꽃이 지는 몸짓으로
훠이. 훠어이…

울 엄마야

엄마야
요즈음 제 입고리가 왜 자꾸 처질까요
엄마의 다정한 손가락으로
제 입 고리를 살짝 밀어 올려 주셔요

엄마야
이따금 제 머리카락이
왜 자꾸만 제 눈을 찌를까요
엄마의 목화솜 같은 손길로 제 머리카락을
살며시 쓸어 올려 주셔요

엄마야
불현 듯 나는 왜 옹알옹알
옹아리하는 아기가 되어 말을 더듬거리며
곧잘 두 손으로 얼굴을 가리게 되는 걸까요
그렁그렁 이슬 걷는 가슴이랑마다
꽃망울처럼 터져 나오는 눈물빛 대명사
엄마, 울엄마야…

천길 바다 속 인어공주가 되어

- 팽목항의 비가 4

달의 사랑에 취한 달무리처럼
노오란 내 꿈의 수문을
좀 더 넓게 열어 주세요

내 하고 싶은 것
내 가고 싶은 곳
어디든 갈 수 있는 자유와 정의의 수문을
좀 더 높게 세워 주세요

서름서름 서러운 혼
온 가슴을 팽목항 바다 눈물에 절며 절며
나는 가야해요

가다가다 눈앞을 가로막는
검은 공포의 진흙더미가
내 온몸에 각을 뜨듯 문신을 새긴다해도
말 잘 듣는 착한 아이처럼
노오란 종이배를 타고 나는 가야해요

"우리 공주님은 착하니까
이담에 크면 꼬옥 어여쁜 숙녀가 될거야

어깨아래까지 흘러내린 머리를
곱게 곱게 땋아 내리며 엄마가 말씀하셨죠

귓가에 포근한 엄마의 음성을 그리며
천길 눈물 속을 떠돌다 떠돌다
이레 째 되던 밤
나는 인어공주가 되어 바다 왕국으로 가는
꿈을 꿨어요

고난 끝에 이뤄 낸 면류관인양
검붉은 요기의 진흙을 머리에 두르고
수많은 물고기떼들의 호위를 받으며
부부도 당당하게 발맘발맘
찬란한 왕국으로 가는 꿈을 꿨어요

"나를 잊지 말아요"
속살속살 아느작이는 위태로운 몸짓으로
못내 아름다운 눈을 감고
슬프도록 찬란한 바다왕국 잠나라로…

2.
그때
모세가 가나안 땅으로 입성하듯
내가 나아갔지요

예비 된 세례 집전하듯
바다왕국의 왕자님이 반갑게 손을 내밀때
나는 두려움 없이 나아갔어요

미소가 그지없이 정겨운
왕자님이 운명처럼 무릎을 꿇고
내 손등에 입맞춤 할 때
함성처럼 터지는 꽃들의 박수소리가 유혹처럼
아련히 들려 왔어요

아브라함이 보시한 어린 밀알인 듯
사락 사락
내 목을 감아오는 이런 식의 유혹은
정말이지 견딜 수 없거든요

오련한 바다왕국의

시보를 알리는 아름다운 꽃들의 함성소리가
장엄한 진혼곡의 미궁 속으로 빠져들 때
내 노오란 꿈의 비밀한 방전을
차라리 눈 감아버려야 하거든요
오래 오래 깨어나지 않을
아니 영원한 잠나라로 가야하거든요

진정한 사랑이 무언지 모르는
정의롭지 못한 이 세상 모든 어른들에게
영원무궁 잊혀지지 않을
서럽도록 찬연한 바다왕국 잠나라로
되 물릴 수 없는 평화의 잠나라로…

– 세월호 참사에 희생된 한 천사가
살아남은 자들에게 보내는 답가

천안함 너머로 가는 천년의 사랑 1

언제나 당신의 사랑만 알고
당신의 눈그늘 아래서
백년을 보고 보아도 다 못볼 내 님이여
당신은 아시나요
백령도 바닷가에 심은 이 아픈 사랑을

석양에 기댄 노을은 울어서 잠이 들고
당신과 함께 일러야 할 묵정밭은
내 가슴을 파먹는 물새들에게 내어 주었죠

당신이 있음에 내가 있고
당신이 있음에 죽도록 아름다웠던
이 조각난 별바위에 앉아
차마 끊을 수 없는 인연의 끈을 찾아
떠도는 울음구슬을 아시나요

한마디 기약도 없이
한마디 제 허락도 없이
아무런 준비도 없는 날 이대로 남겨두고
천안함 너머 단장의 먼 길을 어이 가셨나요

백일 된 아기를 나 혼자 어쩌라고
방긋거리는 아가 얼굴을 어찌 바라보라고
꼬물거리는 아가 손에 마지막 입맞춤도 없이
그렇듯 황망하게 어이 가셨나요
수쿠류꽃등에 업혀 어이 떠나 가셨나요

천안함에 약손으로 불리우던 당신이
새순처럼 여린 아기 쥐면 꺼질까
하마 부서질까 꼬옥 안아주지도 못하던 당신이
이 다음 오실 때엔 꼬오옥
두꺼비 같은 아빠손 자장가로 천사 같은 우리아기
토닥여 잠재워 주시라던 언약의 속삭임
해풍에 헝클어진 머리칼 한 올 한 올마다
이토록 흑흑 사무쳐 우는데

아아, 백년이
천년의 세월이 흘러도 지워지지 않을
천년의 사랑이여

천안함 너머로 가는 천년의 사랑 2

오로지 당신의 사랑만 믿고
당신의 향기 안에서 천년을 살고
또 살아도 다 못살 내 님이여

기억 하시나요
죽어서도 끝나지 않을 우리 사랑은
매일 아침 어김없이
백령도 앞 바다에 떠오르는 불멸의 태양임을
당신과 나와의 보배 · 우영이
곁에 있는 한…

이승과 저승의 경계는 어디던가요
이승의 반쯤에서 서러운 넋을 따라가다
은파도에 눈 먼 물새가 되어
몇 겁을 날아야 가시관을 든 해가 보일까요

사랑이 목숨만큼 애절한 것이거든
눈물이 파도만큼 영원한 것이어든
가슴에 심은 서러운 꽃씨 하나로
은초롱을 켜고 백령도 너머 비단길 날아날아
우리의 에덴을 찾아가요

서로의 눈물을 서로의 눈물로 부축하며
신기루같이 빛나는 저쪽 세상에서
아직도 못다 한 꿈을 우리 함께 이루어요
아직도 못다 한 사랑을 우리 함께 수 놓아요

꽃살 속에 새 꽃살 거듭 돋듯이
사랑이 끝나는 곳에서
사랑은 또 시작되느니

아아, 천년의 세월이 흘러도
억겁의 파도가 씻어가도 죽음마저도
빼앗아 가지 못할 천안함 너머로 가는
천년의 사랑이여
천년의 사랑이여

- 천안함 폭침으로 순직한 최중사
  유가족에 애통한 사랑의 승화를 위하여

제 4부

그렇게 비는 내리기 시작했습니다

소나기

설익었던
너와 나의 사랑도 아픔도
사소한 추억의 속살마저
알뜰히 휩쓸려가는 눈물의 홍수구나
아름답던 기억의 은비늘은
펑펑 온몸으로 쏟아지고
해와 달을 품지 못하는 내 가슴은
쓰러질 듯 쓰러질 듯
마지막 한 길만 따라가느니
묻고 싶구나
양수리 〈소나기 마을에〉 사는 소년아
눈꺼풀만 하얗게 적시며 쓰러지는 법을
너는 아는지…

속리산 고속버스

속리산 쪽을 향해
칭얼대는 슬픔을 끌고 다녔지

그가 말했다
너를 바라보면
자꾸 눈물이 날 것 같아

회색빛 망각의 고속도로를
어깨에 매달려 응석을 부리는
미련을 떼어내고 냅다 달렸지

산 넘어 강을 건너
그가 또 말했다
나를 잊어 달라는 그 말은
차마 못할 것 같아

이 가을에 가시려든

이 가을에 가시려든
차라리
떠난다는 기별은 하지 마세요

가을 들길에
애처로이 손 내미는 코스모스를 뿌리치고
차마
이별 먼저 손 잡을 수 없잖아요
서로에게
사랑에 말 전해주던 저녁별 보다
가을 단풍 산에서 홀로 붉은 울음 토하는
이별 먼저 만나는 건 슬프잖아요

이 가을에 가시려든
차라리
다음에라는 기약은 하지 마세요

핑크빛 전화기

그대는 잘 모르지만
그대를 알아보는 눈 그대가 주었습니다
그대 목소리를 구별하는 귀
그대가 주었습니다
그대는 모르지만 감쪽같이 모르지만
내 가슴에 찍어논 분홍빛 연심
또한 그대가 주었습니다
그대는 영원으로 이르는
기나긴 수화의 강을 내게 흘려보냈지만
금속성의 차가운 숫자 밖에
아무것도 가진 것이 없는 듯
왜 이다지 가난합니까

혼자서 주고
혼자서 받는 혼자만의 사랑은
줄수록 애닯고 받을수록 서럽습니다
차라리 그대에게로 달리는
분홍빛 연심의 회로를 이만 차단하고만 싶은
때늦은 바램을 어찌합니까
이 가난한 전화선의 어느 들길에
내가 심은 사랑의 장미가 필 것입니까

…그렇게 비는 내리기 시작했습니다

오늘은 왠지 가랑잎처럼
메말랐던 내 가슴에 촉촉이 비가 내렸습니다
순백한 소녀의 통증처럼 아리도록
가슴을 파고드는 이 빗소리 탓일까요…
참 이상한 절기였습니다
처음엔 그대를 내 마음에 두었다는
사소한 설레임 하나로 은하수 같은 희열에 떨었던 내가
오늘은 불현 듯 주체할 길 없는 스산함에
지즈로 굳게 닫힌 성문을 열고 나섰습니다
비오는 날이면 괜스레 찾아들곤 하던 추상적 그리움이
아닌
오늘은 실핏줄마저 드러난 현실적 그리움이
열손가락이 환하게 뜨겁도록 손잡아 주었습니다
닫혀 있어 꽃피우지 못하는
슬픈 우리 사랑에 혼자일 때보다 더 아득히
홀로 유랑해야만 하는
그 아릿한 거리감을 좁혀 보고져 나는 마침내 오늘
한숨 같은 성문을 나섰습니다
봄비가 사랑스런 연인들의 우산 위에서
작은 빗방울의 요정이 되어 서로 만나듯

그대 마음 그늘에 더 가까이 닿기 위하여
비오는 도시의 거리로 나아갔습니다
무작정 주고만 싶은 맹목적인 빗물의 정으로
나는 그대 마음을 향해 걸어갔습니다
〈루치아노 파바로티〉가 숨 쉬는 음반 가게를 지나고
후리지아의 미소가 향그러운 화원을 지나면서
이 신기한 변화가 내심 놀라웠습니다
새순과도 같은 이 작은 눈뜸을
정녕 후회하지 않으리라는 푸른 결의를 다졌습니다
이 두렵고도 무분별한 시도로
눈시울을, 내 옷을 흠씬 적신다 할지라도

이윽고 언젠가 우리가 첫 해후를 가졌던
로터리 근처 〈다빈치〉를 지나 버스정류장에 도착한
나는 나보다 한 발 앞서 그대 마음의 동네로 가는
시내버스가
마악 출발하는 것을 바라보았습니다
아까보다 한결 굵어진 빗줄기 속으로
가랑잎처럼 멀어져가는 버스를 망연자실 바라보면서
아,
그대 나는 이미 보아버렸습니다

그대와
나 사이에 어쩔 수 없는 운명의 거리를
〈쉘부르의 우산〉 위에서 떨어지는 빗물처럼
그대를 향한 나의 그리움은
아무리해도 지워지지 않을 물빛 슬픔임을
세상이,
운명이 허용하지 못할 그대와 나의 거리에
그렇게 비는 내리기 시작했습니다

★ 〈쉘부르의 우산〉 - 연인들의 지순한 사랑을 그린 불란서 영화
★ 〈지즈로〉 - 무엇으로 인하여 드디어

추풍낙엽

네 뜰에 지는 잎이
내 슬픔 아니듯
내 뜰에 지는 잎은
모두 나와 친한 슬픔이야
우울이 설핏 손짓만 해도
바스락 온몸이 떨리고
바람이 살며시 손잡아도
후르륵 저만치 달아나고

나, 추풍낙엽이니?

핼쓱한 삭풍이 한꺼번에
스크럼을 짜고 몰려올 때마다
내 슬픔 네 슬픔 한둘레
슬픔 슬픔 슬픔 슬픔
슬픔 슬픔 슬픔 슬픔

스산히
꿈을 재우는 눈썹 끝까지

뒷모습이 아름다운 사람

가을이 오면 나뭇잎이 떨어지듯
우리도 그렇게 떠나기로 해요
봄이 되면 새순이 돋아나듯
살다보면 언젠가
다시 만나게 될 날이 있겠지요

통속가요를 허밍 하듯
그가 나직히 읊조리며 돌아섰을 때
왠지 그 사람에 뒷모습의 쓸쓸한 아름다움은
계모의 마술에 걸려 백조가 된
왕자가 다시 본래의 모습으로 돌아가고 저
몹쓸 마술이 풀리기를 기다리는
백조왕자와도 같았다
이렇듯 공평한 쓸쓸함이 똑같이
서로를 감싸줄 때
저무는 황혼의 붉은 깨우침을 만나본
사람들은 말하리라
옛시인의 가을노래처럼
떠날 때가 언제인가를 알고 가는 사람의
뒷모습은 차라리 아름다웠다고

난 몰랐네

그대 첫 만남같이
사랑이 시작된 후에도 사랑인 줄
난 몰랐네

그대 마지막 만남 같이
사랑이 끝난 뒤에도 끝난 줄을
난 몰랐네

하들하들 떨리는 이파리로
그대와 같이라면
꽃의 절정보다 더 예민한 햇빛을
보아도 좋았을 것을

콩닥콩닥 뛰는 민가슴으로
그대와 함께라면
꽃의 화사함보다 더 눈부신 날개를
달아도 좋았던 것을

꿈꾸는 일보다
꿈꾸지 않는 일이 아직은 더 어려워

사랑이 다 끝난 뒤에도 끝난 줄을
난 몰랐네

어깨를 들썩이며 흐느끼는 파도 위에
하얀 물새가 되어서도 돌아갈 줄
난 몰랐네

내 가을의 사랑은 가고

그 해 가을
무릎 꺾이는 슬픔을 보기 위해
하나의 갈잎으로 내가 무너지기로 했다
노을빛 울음을 마구 벗는
들판엔 홈친 가슴만 타오르고
숨은 병처럼 입술 튼 채
며칠을 두고 쌓이는 바람

그 해 가을
네가 내 건 시선은
언제나 빗장이 안에서 걸려 있고
후후 순가락 뒤척이며
흰 쌀꽃잎 내미는 붉은 혀도
내쳐 모른채 버려두고
바람방향으로 내가 쓰러지기로 했다

싯타르타 강물처럼
영원하리라던 언약은 그리도 속절없는 것
늘 푸른 잎새로 살아 주리라 믿었던
내 하나의 가을은 가고 마는가

그 해 가을
사포 길게 늘이고
이 황량한 동토에서 막바지처럼
막바지처럼 그렇게 서서
발톱으로만 그렇게 서서 일력만 젖히면서
허술한 웃음이 욕지기처럼 피는 날
낙엽만 쌓이거라

팔 다리 안으로 곱게 접으며
노오란 노오란 은행잎이 지는데
후둑 후둑 ~
거리에 비 내리듯 음독 깊이 돌아누운
너의 눈비듬이 지는데…

근황

잘 있느냐구요?
어떻게 지내느냐구요?
그게 얼마나 잔인한 얘기인지
당신은 모르시군요

그저 잘 있다고
너 없이도 아주 잘 지내고 있다고
풀쳐 생각으로 무심히 대답해야 할까요
아무런 방패도 없는 나를
배반의 가시로 찌른 당신을 아직도
미워하고 있다고 화려한 비애의 옷을 걸치고
고백해야 할까요

잘 있느냐구요?
어떻게 지내느냐구요?
그게 얼마나 서글픈 인사인지
당신은 모르시는군요

★풀쳐생각 - 마음에 맺혔던 생각을 단념하고 스스로
위로함

사랑의 변주

사랑이 어떻게 내게 왔는가
동해 일출인 듯 사랑이 내게로 왔다
아침 태양이 떠오르듯
상기도 높은 진실을 불사르는 슬픔의 축제처럼
어느 날 불현 듯
화안하게 불춤을 추며 다가왔다

사랑이 내게서 어떻게 떠났는가
서해 낙조 지듯 사랑은 떠나갔다
그리움을 감춘 몸 시늉으로 서럽게
불 나비춤을 추는 황홀한 비애의 도취처럼
마침내 사랑은 멀어져갔다

어쩌랴
누군가의 만남도 헤어짐도
너와 나의 뜨거운 삶과 삶이 섞여타는
불꽃의 한 갈래임을
햇빛과 구름 꽃과 나비의 숙명이듯
한줄기 우주 안에 사는 어쩌지 못할
한그루의 뿌리인 것을…

옛사랑

그대는 나에게 묻지말라
지금은 어디에 살며
또 무얼하며 지내냐고
그것은
한 장의 마른잎새처럼 공허하고 쓸쓸하다

나는 이곳에서
너는 그곳에서
우리는 다만 이렇게 서 있을 뿐…
강 건너 무심히 지나치는 바람처럼
어느 날 우연히
뜨락에 피어난 이름 모를 풀꽃처럼

제 5부

새 선상의 아리아를 연주하는 여자

나의 별

이제야 알았습니다

이리
내 마음 아프고 어둠이 깊어갈수록
그리
나의 그대 찬란히 빛난다는 걸…

새 사랑의 물길

한줌 눈물뿐인
내가 만약 겨울산일 수 있다면
속절없는 속앓이와
미움으로 신음하며 얼어붙은 말
비바람 아우성치는 산비탈에 세우고
등성이마다 돌아앉아 눈물짓는 산울음
쾅쾅한 침묵으로 가슴에 묻으리

한줌 눈물뿐인 내가 만약
봉토 위에 나리는 눈일 수 있다면
황토 흙 밟아 응혈 진 발자욱마다
불임의 꿈을 매며
새파랗게 날 선 뼈마디 위에
사르륵 눈꽃 지는 아득한 설레임으로
너를 부르리

한 줌 눈물을 담았을 뿐인
내가 만약 봄 강물일 수 있다면
아, 그 날에 이르러야
나는 참으로 아름다운 새 사랑의 물길
보았다 말하리

진주를 품은 조개같이
머루 빛 진물이 흐르는 아픔의 화랑을 거쳐
다시 태어난 생명수라면
그리하여
싸늘히 굳어가던 결빙의 상처 안으로
안으로 스스로이 지향 없는 해빙의 땅으로
태어날 수 있다면

새 선상의 아리아를 연주하는 여자

하얗게 물보라 일으키며
흰건반 위를 포롱포롱
안단테로 날아오르는 가리새
사뭇 끊일 듯
나슬나슬 눈내 슬려가는
새 선상의 하모니

그럼, 그럼,
가는 손이라지만 새초롬 눈내 슬린 속이었다니까
그렇게나 애달팠다니까 이 가참한 가리새의 선율에는
선율에도 등줄기를 넘어오는 혈흔이 있어 석 달 이레
은피리 울음으로 따르는 나슬한 손 끝 이라던가 멀리
부르는 아픔에게도 글썽이는 서정으로 다가앉고 싶어
생금넝쿨 기른 음률이야 비엔나 숲속의 이야기보다
처연했다니까 글쎄, 등 뒤에서 하 그리 선채 엿보게 돼.

한 올
이가 시린 감성도 돌아 나와
띠 살 무늬 잎 비늘에
흰 아미 문지르며 끊일 듯 가는

새 음(音)의 혈 즙
다시 생래(生來)에 못 사룰
새 사랑의 가리새

★가리새 - 해오라기 비슷한 모양의 빛깔이 희고
앞면만 약간 노르스름한 보호조의 한 종류

어머니 꽃구경가요

꽃잎 달큰한 봄인가 봐요
어머니 꽃구경 가요

아홉 평 방 안에 심은
어머니 발가락에 파란 싹이 돋아났어요
매양 분홍빛 꽃구름 위에 누우신
어머니 눈망울 속에 노랑나비 나풀거릴 때
어머니 꽃구경가요
엊그제 제가 사드린 꽃신신고
어머니 우리 꽃구경 가요

내딛기도 아까운 듯 알뜰살뜰
노랑나비가 부려놓은 꽃길을 살펴 가시던
어머니, 에그 어쩌나
사백 이동 노오란 유채 밭 위에
그만 풀썩 주저앉아 버리셨네요
아가야, 예쁜 내 아가야
날 에두르느라 네가 힘들어 어쩌냐
괜찮아요 어머니와 함께라면
어디든 난 괜찮아요
둘레둘레 꽃구경 하며 구름에 달 따라가는
이야기나 하면서 함께 가요

춥지도 서러웁지도 않은 그 곳
치매의 가나안 땅으로 우리 함께 가요
아버지가 손짓하는 먹뱅이 산 저어기
다음 생명 벙그는 달큰한 꽃님들의 합창소리가
눈물겹잖아요, 어머니

꽃잎 달큰한 봄인가 봐요
어머니 꽃구경 가요

신세계가 그대를 부른다

- 주몽 · 송일국 편 -

일국에
사나이로 태어나 할 일도 많다만
나는 다물군을 지키는 영광에 살았다

다그닥 다그닥
은설향이 빛나는 검을 차고
한혈마의 말발굽 소릴 지르며 온 세상을
질주하는 다물군의 영웅·주몽
불어라 정의의 높새바람
저기 신세계가 그대를 부른다
저 산골짝 해모스의 기가 서린 천무산의
높새바람이 그대를 오라한다

봄은 세간의 피로 물들어도
마음은 한갓 무구한 백설
그대가 정녕 아름다운 별의 왕자
주몽임으로 살아있음을 보게 되는 다물군이 있다면
삼족오의 날개를 활짝 펼쳐라
소소한 이권의 자갈일랑 던져버리고
불가사리 불의와의 타협도 다 버리고

소서노를 향한 애틋한 사랑도
정의감에 깃을 떠는 속눈썹 속에 잠재우고
오로지 대업의 깃발을 높이 치켜들어라
그 힘찬 기상에
구름 속에 숨은 달님도 고개 내밀고
바람에 누운 풀잎들도 화들짝 깨어나
그대를 따르리
우쭐우쭐 들불처럼 일어서 맨몸 맨 가슴으로
그대를 따르리라

울긋불긋 저마다ㅣ
꽃단장 하고 얼굴 붉히는 단풍잎보다
조금 더 죄를 져도 아름다울 듯한 가을날

삼한을 오가며 관계,
혹은 무리 속에서 별이 된 주몽
월·화요일 밤마다 영상 속에서 걸어 나와
내게 살며시 악수를 청하는구나
먹구름으로 뒤덮인 정의상실의 시대에
한줄기 햇살 같은

우리들의 영웅별·주몽의 사나이다운
정취에 살폿 취해본들 어떠랴

한껏 메마른 저마다의 서러움도
정의파 단풍잎에 함빡 잠겨버리기 좋은
울긋불긋 꽃보다 아름다운
이 가을의 어깨에 기대서라면…

★삼족오(三足烏) - 해 속에 품고 있다는 세 발 달리는 까마귀

□ 해설

아린별의 시학

유아린의 두 번째 시집 『꿈꾸라 중년에도 초록별을 품은 소녀처럼』에 부쳐

이 영 지

문학박사 · 철학박사 · 시인 · 시조시인

1. 아린별의 선언

하늘의 별을 한 아름 따서 들고 "저 꽃집 앞에 서 있어요"로 다가 온 유아린 시인의 제 2시집 『꿈꾸라 중년에도 초록별을 품은 소녀처럼』의 상재를 축하한다.

10년 만에 만난 유시인과 나와의 만남은 꽃을 들고 꽃집 앞에 서 있다 하였다. 이 광경을 그림으로 그린다거나 사진으로 찍는다면 시인의 뒤 꽃집의 꽃으로 하여 꽃 속의 여인이 된다. 화사한 꽃을 등에 지고 선 여인이 아린별 시집을 만들 원고를 든 모습이다. 눈에 초록별을 안고 있었다.

흔히 별이라면 당연히 하늘에 반짝반짝 빛나는 별인데 유시인의 시집은 이 별을 지상에 들고 내려와서 초록별을 만든 여인이다. 파란 하늘 색 별이 아니라 초록별을 들고프단다. 그것도 『꿈꾸라 중년에도 초록별을 품은 소녀처럼』이라 선언하고 있다.

이 시집은 제 1부 '초록별을 따는 여자' 제 2부 '그대가 어찌하여 이 세상에 있습니까' '제 3부 '팽목항 사랑의 동아줄을 타고 오렴' 제 4부 '그렇게 비는 내리기 시작했습니다' 제 5부 '새 선상의 아리아를 연주하는 여자'라 하였다.

당차게 초록별을 들고 있어야 하는 이유를 시인은 이렇게 알리고 있다.

1
거북아 거북아
헌 별 줄게 새 별 다오
내 초록별을

거북아 거북아
헌 별 줄게 새 별 다오
내 초록별 꿈을
땅속에란 하늘에란 도란도란 숨어사는
동주님의 초록별 꿈을

2
한 번도 안겨본 적이 없는 우리 동주님의
가슴에 새하양을 쓸어내리며
정갈한 두 손을 받쳐 들고저
내 마음 별 지는 질곡의 언저리마다
내 님이 날 사랑하듯
내가 날 사랑하고저

하얀 별을 줄께
　껍질 안에 숨은 별을
하얀 별을 줄게

－「초록별을 따는 여자」 전문

우리가 바라보는 하늘의 별은 새까만 하늘에 초롱초롱 빛나는 푸르디푸른 남색별이다. 청청하늘엔 잔별도 많고요의 노래 가사처럼 그런 별이다. 그런데 유시인의 별은 초록별이다. 초록이라면 이 지상에서 초록색을 띄고 있는 수많은 초록색의 풀 섶이며 나무이며 꽃들을 받들고 있는 초록잎사귀들이다. "초록별 꿈을/ 땅속에란 하늘에란 도란도란 숨어사는/ 내 초록별"이고자 한다. 초록별이 아니고 초록별 꿈이다.

유 시인은 왜 굳이 초록색을 선호하여야 하는지를 알린다. 그것도 본인 이름 유아린의 아린별이다.

> 내 해린별을 떠나 아린별에 온 것은
> 초가을 저녁
> 풀 섶에 숨어 바장이는 풀벌레 울음이
> 에일듯 그리도 애달픈 탓인게야
>
> 내 해린별을 떠나 아린별에 온 것은
> 눈초리가 싸늘한 가을나라에서
> 나붓나붓 바람손에 끌려나온 빨간 단풍잎
> 하나가 〈찬바람 미워〉
> 하는 외마디에 화들짝 놀란 탓인게야
>
> 내 해린별을 떠나 아린별에 온 것은
> 강 건너 갈대밭 사이로
> 모른 척 저공비행으로 스쳐가는 실잠자리 땜에
> 괜스레 약 오른 탓인게야
>
> 고고한 자기만의 선궁촌을 기르던
> 선계의 해린별을 떠나
> 너와 나의 마음이 더불어 아슴이는
> 이 하계의 에덴에 내려온 것은

–「아린별의 해명」 전문

해린 이름을 가졌던 옛날에서 굳이 아린이라고 이름을 고친 이유를 밝히고 있다. “초가을 저녁/ 풀 섶에 숨어 바장이는 풀벌레 울음이/ 에일듯 그리도 애달픈 탓인게야”이다. 풀벌레 울음의 아린 눈물은 당연히 다가 올 죽음에 애틋해 하는 울음이란다. 그래서 눈초리가 싸늘하다. “눈초리가 싸늘한 가을나라에서/ 나붓나붓 바람손에 끌려나온 빨간 단풍잎/ 하나가 〈찬바람 미워〉/ 하는 외마디에 화들짝 놀란 탓인게야” 빨간 잎 단풍 그 떨어지기 전의 절규를 본 것이다. 역시 죽음 예상이미지이다. 그리고 “강 건너 갈대밭 사이로/ 모른척 저공비행으로 스쳐가는 실잠자리 땜에” 그렇단다. 날개 뒤에 숨은 가을하늘을 나르는, 이제 마지막 비행의 모습이 암시된다. 이처럼 유시인은 당차게 어쩔 수 없이 죽음으로 가는 이들을 초록별의 꿈으로 다시 살아나게 하겠다는 시의 선언을 하고 있다. 초록별이 에덴에 내려왔다는 것이다.

이쯤 되면 유시인의 이력이 드러나는 예지력이다. 감리대학교 유아교육학과 출신이다. 바로 에덴이니 하는 시어는 성경적 언어이고 신학을 전공한 이력의 무의식적 시어출력이다. 에덴은 지상의 낙원을 이루는 이미지이다. 에덴동산에 아담과 이브는 그들의 동산을 걸었었다. 시인은 이 꿈의 에덴동산을 그냥 나몰라라가 아니라 너와 나의 마음이 아슴한 하계라 하였다. “너와 나의 마음이 더불어 아슴이는/ 이 하계의 에덴에 내려온 것”으로 더불어 아슴이는 것이다. 어쩌면 하늘에서 내려오신 분에 가까이 가는 이미지이다.

이 지상에서의 초록 꿈인 초록별을 들고 꽃들이 모여 사는 꽃집 앞에서 “저 꽃집 앞에 서 있어요” “꿈꾸라 중년에도 초록별을 품은 소녀처럼" 가을에 유난히 푸른 풀벌레와 잠자리 볼 붉은 단풍을 시 어휘로 하면서 시인은 '꿈꾸라 중년에도 초록별을 품은 소녀처럼'이라 선언한다. 시인의 말대로라면 중년 여성이다. 중년여성이 선언한다.

초년에서 중년으로 넘어오면서 축적된 시적 화자의 변화는 지상의 초록별을 택한 시인의 시에서 보이는 간절한 바램에서 투영된다.

언제나 처음인 듯
티 없이 맑은 가슴으로 살고 싶었다
…
지순한 나의 사랑이거니
지상에서 하나 뿐인 사랑을 위하여
단 한번 청아하게 울고 싶었다
나만의 호숫가에서
귀족스런 목을 길게 늘이고 나 홀로
구슬피 목 놓아 울고 싶었다
우. 우. 우 -

-「백조의 눈물 2」에서

단 하나의 사랑을 위한 시적화자 백조는 그 귀족스런 삶을 살고 싶었다. 그래서 초록별이 된다. 그래서 외로움보다 더 깊은 슬픔을 찾는다. 그리움보다 더 간절한 눈물이 무엇인지를 찾고 싶어서이다. 별보다 더 간절한 눈물을 찾아서이다. 이러한 뚜렷한 목표를 위하여 시적 화자는 목숨을 건다. 그것은 그대의 별이 되고 싶음이다. 어둠을 배경으로 파아란 빛을 발하는 그대에게 걸어 들어가 그대 죽을 때에야 눈감는 초록별이 되고 싶어서이다. 그러고 보면 어두운 하늘에 반짝반짝 빛나는 별과 시인의 꿈이 되는 초록별 두 개가 있다. 그래서 이

별, 하늘의 별을 시인은 그대라 한다. 그리고 시인은 하늘의 별을 지상에서 가지고 와 초록별을 꿈꾸는 뚜렷한 목표로 내세운다.

외로움보다
더 깊은 슬픔이 무엇인가
그리움보다
더 간절한 눈물이 무엇인가
별보다
더 빛나는 아름다움이 무엇인가

그대 부르지 않아도
나,
그대에게로 가서 별이 되고 싶다
눈부신 어둠을 배경으로 서 있는
네 안에 정면으로 걸어 들어가
그대
죽을 때에야 비로소 눈 감는
별이 되고 싶다

–「별이 되고 싶다」 전문

순수의 늪에 두 발을 묻고
순백의 진주를 빚는 호숫가를
세간의 때 묻은 손가락 펴 가리키지 마라
사랑 중에도 내 흰 깃털만큼이나
눈부시게 순결한 사랑 하나 받기 위해
지금껏 청빈한 불살 한 모금 베어 문
외곬수로 살아 왔거늘

–「백조의 눈물 1」 에서

초록별을 들어 우아한 목덜미의 백조로 살 것을 선언한다.

바로 지상에서의 초록별로 사는 일은 하늘의 해린별에서 떠나 지상의 아린별로 온 타당성을 선언한다. 그 힘은 어디에서 올까! 아마 그녀의 신앙이 되는 분의 보호하심이 있다는 자신감에서이리라.

사실 유시인의 별 시어가 이 시집에서 다량으로 발견되는 것은 아니다. 초록별은 은유어이다.

내 해린별을 떠나 아린별에 온 것은(「아린별의 해명」)
내 해린별을 떠나 아린별에 온 것은(「아린별의 해명」)
내 해린별을 떠나 아린별에 온 것은(「아린별의 해명」)
선계의 해린별을 떠나(「아린별의 해명」)
헌 별 줄게 새 별 다오(「초록별을 따는 여자」)
내 초록별을(「초록별을 따는 여자」)
헌 별 줄게 새 별 다오(「초록별을 따는 여자」)
내 초록별 꿈을(「초록별을 따는 여자」)
도란도란 숨어사는 내 초록별 꿈을(「초록별을 따는 여자」)
껍질 안에 숨은 별을(「초록별을 따는 여자」)
하얀 별을 줄게(「초록별을 따는 여자」)
못내 스러져 갈 별을(「초록별을 따는 여자」)
하얀 별을 줄게(「초록별을 따는 여자」)
초록별을 다오(「초록별을 따는 여자」)
초록별을 다오(「초록별을 따는 여자」)
초록별을 다오(「초록별을 따는 여자」)
별이 되고 싶다(「별이 되고 싶다」)
어머, 돋을별 머금은(「꿈꾸라 중년에도 초록별을 품은 소녀처럼」)
호수에 빠진 별을 만나고 온 날엔(「꿈꾸라 중년에도 초록별을 품은 소녀처럼」)
초록별을 품은 소녀처럼 청아하게(「꿈꾸라 중년에도 초록별을 품은 소녀처럼」)
무리 속에서 별이 된 주몽(「신세계가 그대를 부른다」)

무슨 수를 써서라도 시인은 결단코 초록별이 되고 싶다. 그래서 시적화자는 오로지 고고하게 살아온 흰 백조이미지의 하얀 별을 주면서 까지 초록별이 되고자 한다. 초록별의 꿈을 실현하고자 한다. 이 지상에서 초록의 그 아름다운 세계를 만들고 싶어 한다. 소월시의 「산유화」 시 계열에 서서 보다 더 한걸음 앞서 미래로 나아가 초록별을 만들어 가려 한다. 「산유화」 시는 산유화가 봄 여름 가을 없이 그리고 봄을 뛰어넘어 다시 다음해 피는 이미지로 당시의 우리나라의 미래의 봄을 예언하고 있다. 이처럼 아린별이 되어 초록별을 내세우고 초록의 아름다움을 펼치고 싶어한다.

2. 사랑을 위한 결의

굳이 해린별을 마다하고 아린별을 택한 위대한 힘은 사랑의 힘이다. 이 힘은 결코 본인의 힘이 아니라 그대 때문이다. 이 때 등장하는 그대는 누구인가. 이쯤 되면 다른 무엇에 눈 돌려지지 않는 뚜렷한 삶의 목적으로 하여 초록별이 되는 일의 눈 돌림 그대 때문에 저 하늘에서 빛나는 그대 때문에 나는 이에 걸 맞는 지상에서의 초록별이 되어 이 세상에서 낮게 낮게 삶에 이끌려 가는 것들에 대한 그 아련하고 눈물 나는 일에 마음을 쏟아야 할 일이 있다.

> 그대는 어디서부터 왔습니까
> 천상으로 가는 길목에 서서
> 아스라이 내가 그대를 따라갈 때마다
> 불시에 슬픔이 밝아 배부른 방황 잠재우는
> 그대는 어디서부터 왔습니까

그대가 어떻게 내개로 왔습니까
달빛 잠기는 강가를 서성이는
풀 바람의 보랏빛 떨림으로 왔습니까
피 돋는 외침같이 환한
백야의 눈꽃 속에 소스라치듯 순결한
동백이 피어나는 까닭으로 왔습니까

그대는 어찌하여 풀잎의 순진성에
매달려 제풀에 스러지는 이슬의 몸부림을
그토록 눈 시리게 바라보고 있는지
꽃비 내리는 사월을 가듯 가련 없이 눈뜨고
그대로 하여 무늬 지는 슬픔
그 음계 높은 슬픔에도 두 뺨이 발개오르는
생명의 통일로 달려오고 있는지
이 강토 생명 줄기 기리는 한라에서
북풍한설에 아아,
삼천리 반도의 어깨뼈가 드러난 백두까지
숨 가쁜 확신을 품고 들어와
내 안에 펄럭이는 이 땅의 주인이여

몽매에도 잊지 못할
사랑하는 내 님 같은 금수강산인저
 그대는 어디서부터 왔습니까
그대가 어찌하여 이 세상에 있습니까
– 「그대가 어찌하여 이 세상에 있습니까」 전문

그대 아는가
내가 향설처럼 순결하게 살아가려는 것도
그대 때문임을
내가 세속의 불의와 타협하지 않고
수녀처럼 정결하고 정의롭게 살아가려는 것도
다 그대 때문임을

내가 지금 비록 외롭고 힘겹다 해도
누운 풀잎조차 깃발처럼 일으켜 세울
여 전사같이 당당하게 이겨내는 것도 모두
다 그대 때문임을

그대 진정 아는가
잃어버린 내 마음의 조국님이여
나는 그대와의 오붓한 만남을 꿈꾸며
정갈한 마음으로 준비하고 있음을
꽃잎들이 이슬에 얼굴을 씻는 뽀얀 새벽이거나
분홍노을이 감미롭게 기지개를 켜는 해거름
그대가 나의 문을 두드릴 때도
바람에 가볍게 열리는 나뭇잎새처럼
오랜 망설임 없이
그대를 맞아들일 준비가 되었음을

-「눈꽃 편지 1」 전문

천상으로 가는 길목의 그대를 초록별은 만나고 있다. 그대이다. 궁금하게 여겼던 사랑을 주고받을 수 있는 대상은 남녀의 관계를 넘어서는 유시인에게는 절대세계의 그대이다. 그러나 그 보다는 우선 아주 급히 시인의 금수강산 조국이 되어야 한다. 이러한 비유는 그토록 유명한 「님의 침묵」 한용운의 님이 조국으로 승화되는 시의 이미지와 같다. 초록별이 가장 선호하는 님 조국강산은 시인의 옛 이름 해린을 버리고 아린별이 되게 한다. 가슴아리도록 사랑하는 그대이다. 이로써 유시인의 색채이미지는 어느 한 사랑하는 사람을 넘어서는 나라와 민족을 사랑하는 일이 초록별의 급선무 일이 된다. 시를 쓰는 명분이 값지다.

우리 · 내 나라 · 내 조국 · 내 사랑하는 대한민국의 아들

딸 들, 이 들을 사랑하는 시인의 삶에는 시를 쓰는 명분이 있다.

그 아련히 슬어져 간 어린 학생들을 향하여 시인은 초록별을 들고 오라고 하고 있다.

아프도록 아름다운 인질같이
마법의 성에 유폐된 못다 핀 나 꽃님들아
팽목항 사랑의 동아줄을 타고오렴
횃불 같은 기다림이 노랗게 펄럭이는 저
팽목항 사랑의 동아줄을 타고 돌아 오렴

아리도록 눈을 들어 산하를 돌아보면
끝에서 끝 쪽으로 햇살이 걸려있고
새 순이 움트던 초목들은 아기 손 흔들며
목목이 푸르름은 치열해 가는데
다시 돌아온 정겨운 푸른 산실에 단짝인
너는 없다…

수업이 끝난 시간 까르르
웃음소리 구슬처럼 굴러다니던 교실에도
재잘 재잘대며 우르르 몰려나가던 운동장에도
어디에도 너는 없다
처연하도록 눈 시린 햇살들이 아물대는
운동장엔 호곡같은 서러운 정적만이
한기 머금은 초겨울 잎새처럼 오스스
나를 떨게 할 뿐
왠지 소외된 살아남은 자의
슬픔일랑 안주머지 깊숙이 접어 넣고
실로 나 너와 함께라면
모든 이에게 참혹하도록 아름다운 비애를
품어 주어도 좋을

이 박명의 계절에 사계절의 순서없이
떨어지는 꽃이라도 좋았다

다시 돌아올 수 없는 회전의 길이 였다한들
꿈을 함께 펼치던 나 너와 함께라면
슬픈 파도가 되어 흐느껴 울어도 좋았다
울다 울다 그렇게
조각조각 부서져 사라져도 좋았다

쪽빛 꿈꾸는 파도여 말해다오
고고한 물새의 나래 짓으로
흐느끼는 파도여 대답해다오

노란 소망을 담은 종이배를 띄워 놓고
이 비련의 팽목항 포구에 기대앉아
내가 얼마나 울어야 바다가 될 수 있는지를
내가 얼마나 부서져야 파도가 될 수 있는지를
마지막 한 번 더 왕자님을 보고져
오롯이 한 점 물방울로 쓰러져간 인어공주처럼
갯벌 허무는 썰물로 얼마를 내가 더 무너져야
너에게 가 닿을 것인가를

-「팽목항 사랑의 동아줄을 타고 오렴 - 팽목항의 비가 3」에서

초록별이 된 이유의 뚜렷한 유시인 시의 내포는 죽은 어두움의 이미지가 환하게 살아오게 할 수 있는 사랑의 동아줄을 타고 오렴하고 명령하는 일이다. 과연 그런 힘이 있을까? 시인은 굳이 초록별이 되어 하늘의 별을 그대로 삼는 그 멋진 힘으로 그 가능성을 열어둔다. 그것도 산전수전 겪으면서 힘이 강해진 그 중년의 초록별이기에 사랑의 동아줄을 타고 오라 한다. 이제 시인은 시인의 초록별이 사랑임을 천명한다. 삶의 색채 초록별이다.

이러한 가능성이 시인에게 가능할까. 이 가능성을 시인은 하늘에서 내리는 비로 내세운다. 비는 하늘에서 내리는 일반적인 속성을 지닌다. 그런데 시인은 이 비의 정의를 무작정 주고만 싶은 빗물의 정이라 하였다. 빗물의 정은 어떤 빗물일까.

> 무작정 주고만 싶은 맹목적인 빗물의 정으로
> 나는 그대 마음을 향해 걸어갔습니다
> 〈루치아노 파바로티〉가 숨 쉬는 음반 가게를 지나고
> 후리지아의 미소가 향그러운 화원을 지나면서
> 이 신기한 변화가 내심 놀라웠습니다
> 새순과도 같은 이 작은 눈뜸을
> 정녕 후회하지 않으리라는 푸른 결의를 다졌습니다
> 이 두렵고도 무분별한 시도로
> 눈시울을, 내 옷을 흠씬 적신다 할지라도
>
> 「…그렇게 비는 내리기 시작했습니다」에서

비는 하늘에서 내리는 비이다. 하늘에서 내리는 힘은 신에게 있다. 왜냐하면 비는 히브리어로 계심이라는 뜻이고 비속에 하나님의 은혜가 무한정으로 들어있어서이다. 비는 무작정 주고만 싶어한다 했다. 무작정 주고만 싶어 하는 이 빗물의 정을 알게 된 시인은 곧 그 거리로 나가 비를 맞는다. 하늘에서내리는 빗물을 맞는 시인은 두렵고도 무분별한 시도로 초록별로 온통 눈시울을 적시며 빗물을 맞는다. 옷이 흠씬 적셔진다 할지라도 비를 맞는다.

시인 나는 그대 마음을 향해 걸어갔다. 유시인은 초록눈물을 흘린다. 초록눈물, 살게 할 수 있는 분의 빗물을 받고 눈물을 얻는다. 감동한 시인은 이 때 초록별을 가진다. 그러나 즉

시 그대와 나와의 엄청난 거리를 실감한다. 허용하지 못할 사랑의 애련함이라는 말로 시적 변용을 한다. 이러한 시적 언술은 사실은 비가 지니는 하늘에서 내리는 은혜의 잔을 마실 수 있어서이다. 이 잔을 받으려 시인은 무작정 비오는 거리에 나갔는데 비는 더욱 세차게 내리면서 더욱 그대와 나 사이의 거리를 좁힐 수 없는 한계성을 인식한다. 아직도 세찬 비를 받을 수 없는 자신의 믿음의 한계를 실감한다.

다만 이제 초록별을 든 시인이 할 수 있는 시적 화자 중년의 여인은 새선상의 아리아를 부르는 일이다.

따사로운 봄바람이
꽃만 피어나게 하는 게 아니라
사람도 피어나게 한다는 사실을…

「그대를 만난 후」에서

하얗게 물보라 일으키며
흰건반 위를 포롱포롱
안단테로 날아오르는 가리새
사뭇 끊일 듯
나슬나슬 눈내 슬려가는
새 선상의 하모니
…
새 음(音)의 혈 즙
다시 생래(生來)에 못 사룰
새 사랑의 가리새

– 「새 선상의 아리아를 연주하는 여자」에서

시인은 바로 부활이미지에 집중한다. 새 선상의 아리아를 연주하는 여자는 초록별의 여자이다. 중년의 초록별 여자이다.

이제 죽음의 문제에 정면으로 시혼을 들고 도전할 수 있는 아린별의 시학으로 시에 도전한다. 반드시 살아서 돌아옴을 전재로 하는 생래(生來)로 목숨을 건다. 살아서 돌아오는 그것의 소중함이 초록시인이 새 선상의 아리아를 연주하는 여자일과 겹쳐진다. 축제가 시작된다. 축제는 즐거울 때의 같이 나눔이다. 초록별이 맛본 사랑하는 사람과의 이별에서 맛본 그 절박감과 죽음으로 이어진 사건에서도 생래의 길로 돌아오는 방법은 봄이 온데어서이다. 축제이다.

현실을 직시한 시적 화자 중년에도 꿈을 버리지 않는 초록별의 시인이 될 수 있어서이다. 둥둥둥 같이 북을 울린다. 새로 싹이 나고 삶이 살아나고 온갖 만물이 살아나 춤춘다. 얼싸 좋아 시인의 시에서 춤추기이다. 생래, 살아서 돌아왔기 때문이다. 죽음에서 삶으로 오게 한 초록별의 일은 사랑스러운 그리고 믿음직스러운 중년의 초록별이다.

그대와 만날 때 꽃집 앞에서 초록별을 따 가지고 한 아름 시 원고를 든 시로 행동하는 중년의 시인이다. 시에 목숨을 걸고 매화동으로 찾아가 시를 사랑하다 사랑하다 더러는 지칠지라도 용감하게 다시 일어서 초록별을 꿈꾸는 정말 초록별여인일 뿐이다. 초록별을 따는 여자이다. 초록별이기에 다시 일어선다. 해린이 아니라 너와 나의 숨소리를 확인하는 아린별이다. 죽음이 아니라 산 목소리로 아린시를 쓰는 초록별 시인이다. 삶의 활력소를 불어넣는 괴력을 시로 발휘한다.

2. 아린시혼

해린별을 떠나 아린별에 머무는 중년의 초록별 꿈을 든 아린별 시혼은 그대 목숨의 그 마지막 가을볕에 잠자리와 풀벌레의 비행이 긴 겨울을 이기고서야 새 선상에서 아리아를 켤 수 있다. 지상에서의 지친 삶과 어려운 나날의 죽음이미지에서 초록별을 높이높이 들고 꿈꾸라 명령한다. 중년에도 초록별을 꿈꾸는 소녀처럼 역동적 삶을 살아갈 수 있는 중년의 나이가 된 초록별 꿈을 든 여인이다. 이 처절한 삶 이어가기의 힘은 하늘에서 내리는 은혜의 비로 하여서이고 말씀으로 하여서이다. 삶에서 죽음으로 길이 아니라 죽음에서 삶으로 가는 길을 열어주는 안단테의 곡이다.

비에 말갛게 씻긴 초록별을 든 여인의 목소리이다. 신들린 그리움이다.

> 말갛게 씻긴 목소리로 내가 부르면
> 언제나
> 흰 백합 향기로 피어오르는
> 그대
>
> 시리도록 아려오는 눈시울에
> 촉촉이 비가 내려도
> 내 가슴에 흰 꽃 이파리로 쌓인 그리움은
> 다 적시지 못해
> 오늘도 그대 향기에 취해
> 슬픈 전설 같은 하루가 가고
>
> 눈멀고 귀 먹어도
> 죽지 않을 신들린 그리움은
> 서걱이는 빈 가슴
> 채우고 채워도 내가 늘 목마를
> 그대 사랑뿐…

허전한 어깨를 덮은
내 긴 머리칼은 은실같이 헝클어진
슬픔의 비늘뿐이지만
그대를 위해 부서진 눈물로
내 가슴은 햇빛 창창한 날에도
비를 부르게 하고

시장스런 슬픔의 비늘조차
그대를 위해 음지 없는 향기를 만드는
그대의 꽃으로 살아갈 수 있다면
그대의 흰 가슴에
차마 얼굴을 묻고 울어도 좋을
그대의 꽃으로 살아갈 수 있다면
–「그대의 꽃으로 살아갈 수 있다면」 전문

내 해린별을 떠나 아린별에 온 것은
초가을 저녁
풀 섶에 숨어 바장이는 풀벌레 울음이
에일듯 그리도 애달픈 탓인 게야

내 해린 별을 떠나 아린별에 온 것은
눈초리가 싸늘한 가을나라에서
나붓나붓 바람 손에 끌려나온 빨간 단풍잎
하나가 〈찬바람 미워〉
하는 외마디에 화들짝 놀란 탓인 게야

내 해린별을 떠나 아린별에 온 것은
강 건너 갈대밭 사이로
모른척 저공비행으로 스쳐가는 실잠자리 땜에
괜스레 약오른 탓인 게야

고고한 자기만의 선궁촌을 기르던

선계의 해린 별을 떠나
너와 나의 마음이 더불어 아슴이는
이 하계의 에덴에 내려온 것은

–「아린별의 해명」 전문

시름 앓는 명성황후의 소릿단을
따다 질러버린 말과 말의 들길에서
그녀가 천둥처럼 무너져 누웠을 때
대한 벌에 갔지

미쳐 올곧은
말이 되지 못한 광대뼈의 만신이
뿌리 없는 물풀들에 졸속탄핵의 함성이
서리서리 탯줄에 감기는 안개 벽인데
서러움은 차라리 부질없어서
태극밀알 영그는 대한 벌의 상답들은
하 그리 상냥한 오월인거야
우리도 방천머리 파랗게 잦은 충정의
손짓을 목매이게 웃자고 하지

언제나 반쯤 가리운
옆모습의 올림머리로 구름 뒤에 서있을 때
번개탄핵 창살에 갇힌 별 여인아
벼락같은 비명으로 응답하렴아
몸서리처럼 충정 가는 대한벌의 들 물결 따라
목 언저리 환하게 놓여나고 싶다고
민주 탈 가면을 쓴 광란 극으로
아우성치는 말 가시들을 살별지게 파방 치며
싸리가지 결음으로
강아지풀 결음으로
…
청천하늘을 굴러 얼레얼레

먼 인고의 은하터널 속을 돌아온 봉황별은
동해물과 백두산이 마르고 닳도록
올곧은 대한으로 길이길이 보전할 것을

한 생애 형형한 생채기로 빛낼
별대한녀는 봄 싹 티울 삼월의 아우성으로
우리가 다시 애국심 지긋한 태극기
하나로 휘날리기 위하여

-「별대한녀의 태극기 휘날리며」에서

중년여성이면 이제 어디에나 떳떳한 삶이 수반되는 때이다. 그러기에 죽음이미지에 직면하는 무거운 주제를 유시인은 감리대학 유아교육과의 학력실력으로 시혼에 도전한다. 창창히 하늘에 빛나는 해린이 아니라 이 지상에 아린별이 되어 삶을 초록별로 꾸려 가기를 자처하면서 지상의 에덴을 위해 초록별 아린별을 든다.

아린별의 삶은 온통 초록별을 그리는 헌시형식이다.

나는 그대 길 떠날 때
이따금 쉬어갈수 있는 의자가 되고 싶어요
물에 젖은 솜같이 발걸음이 무거울 때
정거장처럼 편안히 휴식을 취할 수 있는
휴식의자가 되고 싶어요

나는 그대 길 떠날 때
여행 가방에 묻혀가는 물통이 되고 싶어요
사막 같은 길을 가다 지치고 목마를 때
그대 체세포 마디마다
내생명수로 채워 산줄기같이 불끈 힘을
솟게 하는 물통이 되고 싶어요

나는 그대 길 떠날 때
앞장서서 길 밝히는 반딧불이 되고 싶어요
수천의 반딧불이 되어
다함없이 밝히는 순명의 횃불같이
그대 길을 잃고 헤매 일 때
홍해의 기적처럼 화안하게 대로를 열어주는
반딧불이 되고 싶어요

나는 그대 먼 길 떠날 때
영혼을 지켜주는 수호천사가 되고 싶어요
세상의 검은 유혹을 물리치고
동화 속 주인공처럼 착하고 예쁘게 살아가도록
그대 가슴에 영원한 순정을 심어주는
하얀 수호천사가 되고 싶어요

나는 그대 변함없이
내 순정의 순애보라 믿는 날까지…

-「좁은 길 2」 전문

헌시는 유한성의 애절함과 절절함에 가까이가 현실을 소재로 하면서 남자들도 잘 다루지 못할 문제를 가녀린 중년여인이 감히 꿈꾸라 중년의 여성들이여 소녀처럼이라고 헌시한다. 그대로 초록의 안정감과 절대 삶의 비중을 든 초록별이다. 초록별은 초록이 겹하여진 초록별이고 초록별꿈은 초록에다가 별과 꿈이 3중으로 중첩되면서 강력한 호소력의 시적 감각으로 되어있다. 곧 너와 나의 아련한 사랑이야기로 전개한 『꿈꾸라 중년에도 초록별을 품은 소녀처럼』으로 하고 있다.

유아린 제 2시집

꿈꾸라 중년에도 초록별을 품은
소녀처럼

2017년 8월 10일 인쇄
2017년 8월 15일 발행

지은이 유 아 린
펴낸이 신 용 호
펴낸곳 창조문학사

서울 서대문구 홍은동 397-26 동천아카데미 5층
등록번호 제1-263호
전화 374-9011, Fax 374-5217
공급처 한국출판협동조합 전화 716-5616~9

저자와 협의에 의해 인지를 생략합니다.
파본은 바꾸어 드립니다.
값 10,000원
ISBN 978-89-7734-446-4